Første Billedordbog
Dyr

First Picture Dictionary
Animals

Gris
Pig

Sommerfugl
Butterfly

Kanin
Rabbit

Ræv
Fox

Illustreret af Anna Ivanir

www.kidkiddos.com
Copyright ©2025 by KidKiddos Books Ltd.
support@kidkiddos.com

All rights reserved. No part of this book may be reproduced in any form or by any electronic or mechanical means, including information storage and retrieval systems, without written permission from the publisher, except in the case of a reviewer, who may quote brief passages embodied in critical articles or in a review.
First edition, 2025

Library and Archives Canada Cataloguing in Publication
First Picture Dictionary – Animals (Danish English Bilingual edition)
ISBN: 978-1-83416-516-5 paperback
ISBN: 978-1-83416-517-2 hardcover
ISBN: 978-1-83416-515-8 eBook

Vilde dyr
Wild Animals

Løve
Lion

Tiger
Tiger

Giraf
Giraffe

✦ *En giraf er det højeste dyr på land.*
✦ A giraffe is the tallest animal on land.

Elefant
Elephant

Abe
Monkey

Vilde dyr
Wild Animals

Flodhest
Hippopotamus

Panda
Panda

Ræv
Fox

Næsehorn
Rhino

Hjort
Deer

Elg
Moose

Ulv
Wolf

Egern
Squirrel

✦*En elg er en fantastisk svømmer og kan dykke under vandet for at spise planter!*

✦A moose is a great swimmer and can dive underwater to eat plants!

Koala
Koala

✦*Et egern gemmer nødder til vinteren, men glemmer nogle gange, hvor det lagde dem!*

✦A squirrel hides nuts for winter, but sometimes forgets where it put them!

Gorilla
Gorilla

Kæledyr
Pets

Kanariefugl
Canary

✦ *En frø kan trække vejret gennem sin hud såvel som sine lunger!*
✦ A frog can breathe through its skin as well as its lungs!

Marsvin
Guinea Pig

Frø
Frog

Hamster
Hamster

Guldfisk
Goldfish

Hund
Dog

✦ *Nogle papegøjer kan efterligne ord og endda grine som et menneske!*

✦ *Some parrots can copy words and even laugh like a human!*

Kat
Cat

Papegøje
Parrot

Dyr på bondegården
Animals at the Farm

Ko
Cow

Kylling
Chicken

And
Duck

Får
Sheep

Hest
Horse

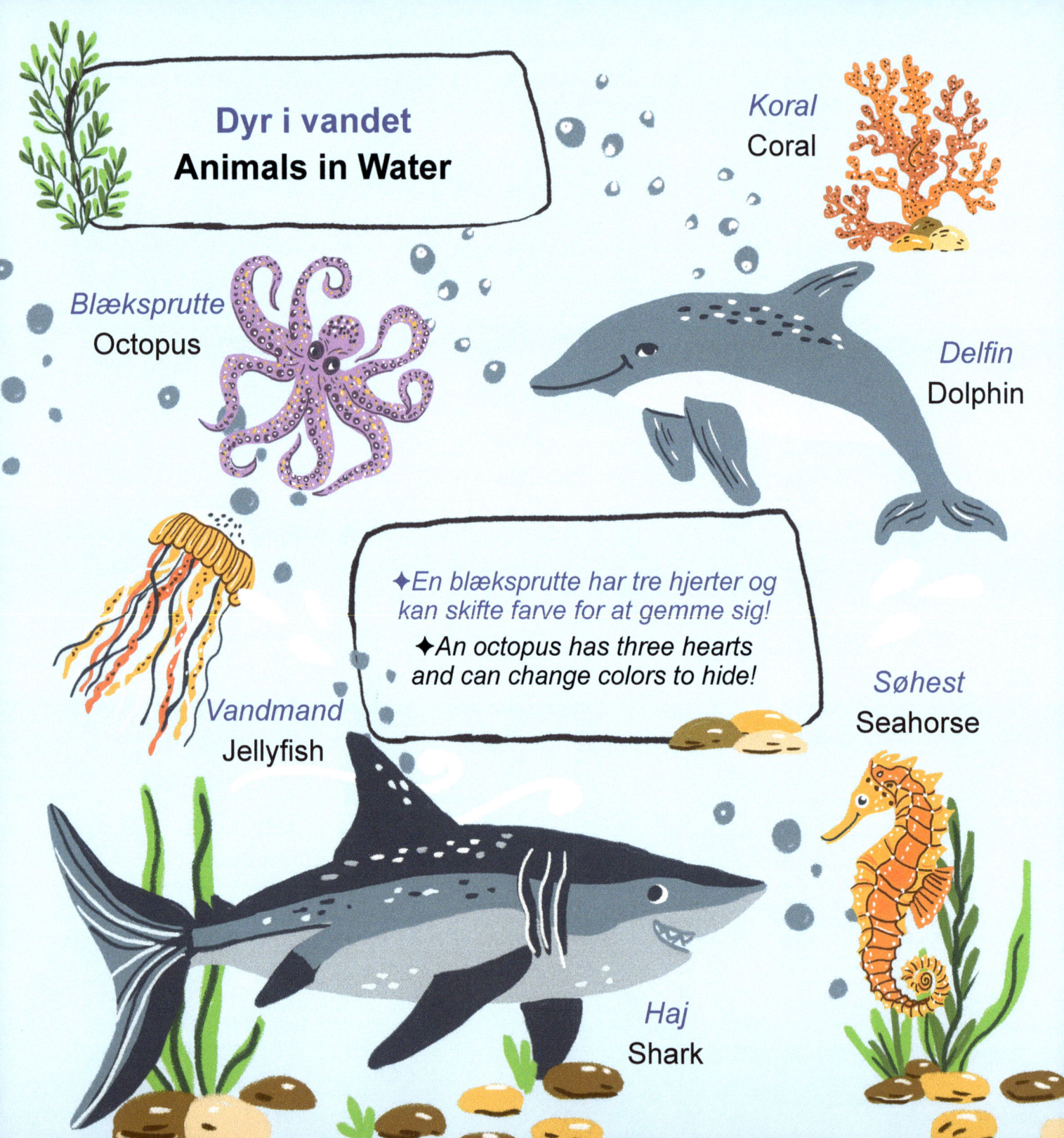

Grævling
Badger

Pindsvinrotte
Porcupine

Skovmurmeldyr
Groundhog

♦ *Et firben kan gro en ny hale, hvis det mister den!*

♦ A lizard can grow a new tail if it loses one!

Firben
Lizard

Myre
Ant

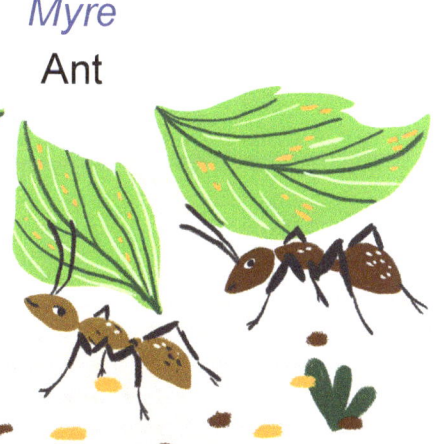

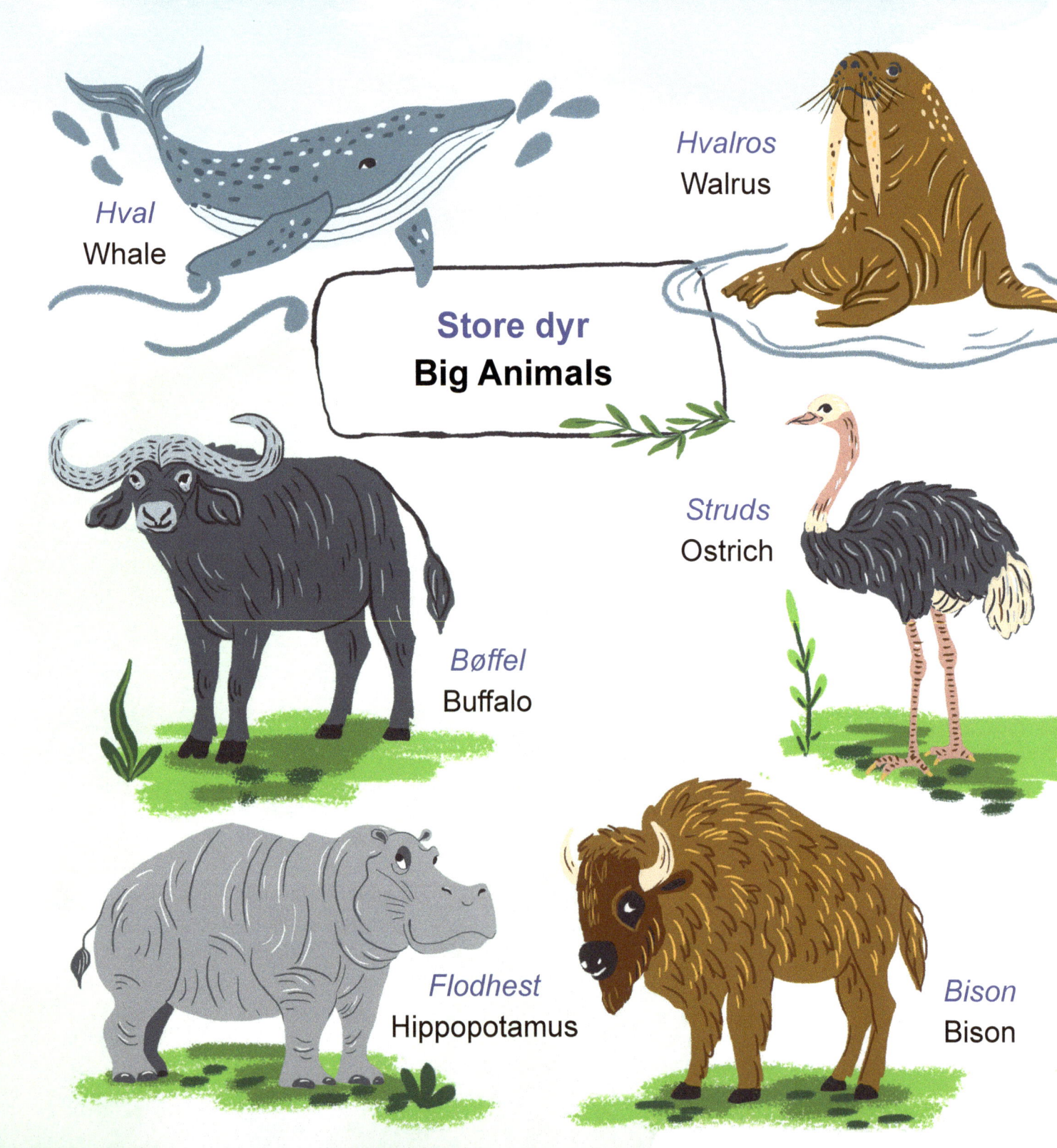

Små dyr
Small Animals

Kamæleon
Chameleon

Edderkop
Spider

✦ *En struds er den største fugl, men den kan ikke flyve!*
✦ *An ostrich is the biggest bird, but it cannot fly!*

Bi
Bee

✦ *En snegl bærer sit hjem på ryggen og bevæger sig meget langsomt.*
✦ *A snail carries its home on its back and moves very slowly.*

Snegl
Snail

Mus
Mouse

Stille dyr
Quiet Animals

Skildpadde
Turtle

Mariehøne
Ladybug

✦ *En skildpadde kan leve både på land og i vand.*
✦ A turtle can live both on land and in water.

Fisk
Fish

Firben
Lizard

Ugle
Owl

Flagermus
Bat

✦*En sankthansorm lyser om natten for at finde andre sankthansorme.*
✦A firefly glows at night to find other fireflies.

✦*En ugle jager om natten og bruger sin hørelse til at finde mad!*
✦An owl hunts at night and uses its hearing to find food!

Vaskebjørn
Raccoon

Tarantel
Tarantula

Farverige dyr
Colorful Animals

En flamingo er lyserød
A flamingo is pink

En ugle er brun
An owl is brown

En svane er hvid
A swan is white

En blæksprutte er lilla
An octopus is purple

En frø er grøn
A frog is green

✦ *En frø er grøn, så den kan gemme sig blandt bladene.*
✦ A frog is green, so it can hide among the leaves.

Dyr og deres unger
Animals and Their Babies

Ko og kalv
Cow and Calf

Kat og killing
Cat and Kitten

Høne og kylling
Chicken and Chick

✦ *En kylling "taler" med sin mor, allerede inden den klækkes.*
✦ *A chick talks to its mother even before it hatches.*

Hund og hvalp
Dog and Puppy

Sommerfugl og larve
Butterfly and Caterpillar

Får og lam
Sheep and Lamb

Hest og føl
Horse and Foal

Gris og pattegris
Pig and Piglet

Ged og kid
Goat and Kid

www.ingramcontent.com/pod-product-compliance
Lightning Source LLC
LaVergne TN
LVHW072054060526
838200LV00061B/4739